Artistes | numéro 37

AF399722

THÉODORE GÉRICAULT,
LE PÈRE DU ROMANTISME FRANÇAIS

— La fougue et la passion au bout du pinceau

par Eliane Reynold de Seresin

50MINUTES

THÉODORE GÉRICAULT

- **Naissance ?** Né le 26 septembre 1791 à Rouen.
- **Mort ?** Décédé le 26 janvier 1824 à Paris.
- **Contexte ?** La naissance du mouvement romantique.
- **Œuvres majeures ?**
  - *Officier de chasseurs à cheval de la garde impériale chargeant* (1812)
  - *Cuirassier blessé quittant le feu* (1814)
  - *Le Radeau de la Méduse* (1818-1819)
  - *La Monomane de l'envie* ou *La Hyène de la Salpêtrière* (1819-1820)
  - *Course de chevaux*, dit *Le Derby de 1821 d'Epson* (1821)

Né dans les scories de la Révolution française, Théodore Géricault propose une alternative artistique au règne de l'ordre et de la raison instauré par le classicisme : il s'agit du romantisme, qui trouve un terrain particulièrement propice en cette France bouleversée. Après le vol de l'aigle, la chute de Napoléon Ier (1769-1821) ouvre la porte de l'abîme à toute une génération qui ne trouve pas de réponse en une monarchie garante des valeurs de l'Ancien Régime. Dès lors, les artistes romantiques, révoltés, balaient d'un revers de la main les références académiques et officielles.

Parmi ceux-ci, Géricault, par sa touche révolutionnaire, la violence de ses couleurs et **ses thématiques étonnantes**, voire morbides, apporte à la peinture un souffle nouveau qui permettra l'émergence de courants artistiques majeurs. Oscillant entre des accès de joie et de désespérance – le spleen semble avoir été inventé pour lui – et foudroyé en pleine jeunesse, Géricault est l'incarnation même de l'artiste maudit si cher aux futurs romantiques. Si, tant par son caractère que par son œuvre, il est considéré comme le premier des romantiques français, ce n'est pourtant que de manière posthume que le public comprendra son immense apport à la peinture du XIXe siècle. Ses chefs-d'œuvre – *Le Radeau de la Méduse, Officier de chasseurs à cheval de la garde impériale chargeant* ou encore *Cuirassier blessé quittant le feu* – retrouveront alors le chemin des cimaises muséales qu'ils n'auraient jamais dû quitter.

L'ASCENSION IMPÉRIALE

Théodore Géricault naît en 1791 dans une France postrévolutionnaire en plein chaos. En effet, en 1789, portée par les idéaux des Lumières qui remettent en cause l'absolutisme, une révolte sans précédent éclate dans les rues de Paris, aboutissant à la prise de la Bastille par le peuple et à l'abolition de la monarchie absolue.

Un premier essai de République est tenté en 1792, mais sans grand succès. L'exécution du roi Louis XVI (1754-1793) en 1793 met le feu aux poudres et attise la colère des autres cours d'Europe qui tiennent absolument à étouffer ce vent libertaire. En France, l'heure est à la Terreur – une véritable chasse aux sorcières au cours de la laquelle les ennemis réels ou supposés de la Révolution sont arrêtés et exé-cutés –, dirigée par le révolutionnaire Maximilien de Robespierre (1758-1794) qui est, à son tour, conduit à l'échafaud moins d'un an plus tard. Mais l'instabilité est propice aux hommes forts : en 1799, Napoléon Bonaparte (1769-1821), général auréolé de gloire par ses différentes campagnes militaires, parvient à prendre le pouvoir grâce à un coup d'État et devient premier consul. Quelques années à peine lui suffisent pour rétablir sur cette terre de cendres un régime auto-cratique : en 1804, il se sacre lui-même empereur, sous le nom de Napoléon Ier, en la cathédrale Notre-Dame, sous le regard impuissant du pape Pie VII (1742-1823).

Après cette longue période de troubles, le Premier Empire (1804-1814) est synonyme d'une stabilité relative. Napoléon Ier, qui croit en la grandeur de la France, redresse le pays et le moder-nise en profondeur : il crée le code civil et le code du commerce, entreprend de grands projets d'urbanisation, mais surtout, met en œuvre une politique d'expansion jamais vue jusqu'alors. Se voyant comme un nouveau César, il crée un empire à sa (dé)mesure, étirant sans cesse les frontières du territoire français. Mais ce faisant, l'Empereur, trop ambitieux, s'attire les foudres des autres nations européennes et chute de son piédestal en 1814, lorsqu'une coalition formée notamment de la Prusse et de la Russie prend Paris, le forçant à abdiquer. Et si Napoléon Ier parvient à brièvement reprendre le pouvoir pendant les Cent-Jours, le Premier Empire expire définitivement en 1815.

LE VOL DE L'AIGLE

La période des Cent-Jours (20 mars-22 juin 1815), connue comme l'un des retournements politiques les plus improbables de l'histoire, participa à forger la légende napoléonienne. En février 1815, la nouvelle de l'évasion de Napoléon Ier de l'île d'Elbe, où il était exilé, engendre un fol espoir chez ses partisans et un véritable vent de panique chez les monarchistes. Depuis le golfe de Juan, le 1er mars, l'empereur déchu se lance à l'assaut de la capitale et, ne rencontrant aucune résistance, entre dans Paris le 20 mars. Les historiens ont communément appelé cette période le « vol de l'aigle ». Napoléon Ier restaure alors l'Empire durant cent jours, mais il est définitivement vaincu lors de la bataille de Waterloo, le 18 juin 1815, et contraint d'abdiquer le 22 juin en faveur de son fils, qui ne régnera jamais. En effet, Louis XVIII (1755-1824), qui s'était enfui à Gand à l'annonce du retour de l'empereur, remonte sur le trône, signant le retour de la monarchie.

UN VENT DE RÉVOLTE VENU DU NORD

La Révolution, avec ses aspirations à la liberté et à l'individualisme, joue un rôle crucial dans l'implantation du romantisme en France. Né en Allemagne avec Johann Wolfgang von Goethe (1749-1832) à la fin du XVIIIe siècle, avant de se répandre en Angleterre et dans le reste de l'Europe au siècle suivant, ce mouvement est avant tout littéraire. Précurseur du romantisme en France, François-René de

Chateaubriand (1768-1848), regrettant l'absence de religion sous la Révolution française, publie, en 1802, *Le Génie du christianisme*, réhabilitant l'art chrétien par rapport à l'art classique, les élans individuels contre le rationalisme et prônant l'amour de la nature. Madame de Staël (1766-1817) assoit davantage encore le mouvement romantique en promouvant, dans son ouvrage *De l'Allemagne* (1810), une littérature empreinte d'imagination et de passion.

Ainsi, à une époque dominée par la littérature classique et la peinture néoclassique, qui érigent l'Antiquité gréco-romaine en modèle absolu et célèbrent la raison, une nouvelle génération se lève pour s'opposer aux règles en vigueur. Le romantisme, qu'il soit littéraire ou artistique, est donc avant tout une réaction de frustration contre la négation des sentiments et des sens. Il prône dès lors un retour sur soi, se tourne vers le surnaturel, puise son inspiration dans le Moyen Âge, et réhabilite les passions et les états d'âme de l'artiste. Très vite, le mouvement s'étend à tous les arts. En peinture, si Théodore Géricault est l'un de ses précurseurs, c'est avec Eugène Delacroix (1798-1863) qu'il s'épanouit véritablement.

Enfin, qui d'autre que Napoléon Ier, par sa destinée exceptionnelle, pouvait incarner mieux l'élan romantique ? Les artistes voient en cet homme – qui, paradoxalement, ne jurait que par le retour à l'Antiquité, la force et la rigueur – l'image même de l'individu romantique. À cet égard, le vol de l'aigle trouve un profond écho chez Victor Hugo (1802-1885) qui devient, avec la préface de sa pièce *Cromwell* (1827), le chantre du romantisme français. Le 2 juin 1841, Hugo persiste et clame son admiration pour Napoléon Ier, lors de son discours de réception à l'Académie française : « Tout dans cet homme était démesuré et splendide. Il était au-dessus de l'Europe comme une vision extraordinaire. » (HUGO (Victor), *Actes et Paroles*, Paris, Arvensa éditions, 2014, p. 37)

RETOUR À LA STABILITÉ

La Restauration (1815-1830), qui voit le retour de la monarchie avec Louis XVIII, dit le Désiré, puis avec Charles X (1757-1836), conforte le romantisme, dont l'apogée se situe dans les années 1820. Mais le radicalisme de Charles X, qui abolit la Charte constitutionnelle, donne lieu à la révolution de juillet 1830. En trois jours, les 27, 28, 29 juillet, surnommés les « Trois Glorieuses », le souverain est contraint à l'exil et remplacé par Louis-Philippe d'Orléans (1773-1850). La nouvelle monarchie, dite de Juillet, signe la fin de la Restauration. Mesurant les erreurs passées, le nouveau roi essaie de concilier l'Ancien Régime et les acquis de la France révolutionnaire, en établissant un régime parlementaire. Si les conditions de vie et de travail des ouvriers restent difficiles, l'industrie entre dans une phase de modernisation et la production s'accroît de 30 %. En outre, le souverain déclare le dimanche « jour de chôme », ce que la Révolution, pour des raisons idéologiques, avait aboli. Dans le domaine de l'agriculture, les récoltes sont excédentaires et l'accès à la propriété se facilite. Le monde paysan, d'essence plus conservatrice, voit d'un bon œil le retour aux valeurs d'antan.

Cependant, le pouvoir de la monarchie de Juillet est affaibli. Aussi la noblesse laisse-t-elle peu à peu la bourgeoisie prendre sa place, tandis que l'Église est tenue à l'écart de la sphère politique. Le romantisme connaît alors son plein épanouissement et certains membres du mouvement, dont Victor Hugo, se voient en prophètes dont le rôle serait de guider le peuple. De plus, l'année 1818 correspond à l'ouverture du premier musée consacré aux œuvres des artistes vivants, le marché de l'art se développe peu à peu, ouvrant la voie à la spéculation, et le Salon se voit détrôné par d'autres lieux d'expositions. De manière générale, le rapport à l'art se libère, permettant aux artistes romantiques de s'imposer sur la scène artistique. C'est dans cet entre-deux mondes hérité de la Révolution et oscillant entre l'Empire et la Restauration que l'art de Théodore Géricault voit le jour.

BIOGRAPHIE

LA NAISSANCE DE DEUX PASSIONS

Théodore Géricault naît au sein d'une famille aisée à Rouen, en 1791. C'est dans une propriété familiale appartenant à ses cousins qu'éclot sa première passion : celle du cheval. Alors que Géricault est encore enfant, sa famille s'installe à Paris, où le jeune garçon fait ses études au lycée impérial (futur lycée Louis-le-Grand). L'héritage qu'il reçoit suite au décès de sa mère, en 1808, le met définitivement à l'abri de la nécessité, à la différence de nombreux artistes de sa génération.

Très tôt attiré par le dessin, dont il couvre ses livres de grammaire, Théodore Géricault, malgré les réticences de son père, intègre l'atelier de Carle Vernet (1758-1836), spécialisé dans l'art équestre. Il étudie ensuite aux côtés du maître néoclassique Pierre-Narcisse Guérin (1774-1833), avant d'entrer à l'École des beaux-arts en 1811. En parallèle, il passe de nombreux après-midis à croquer les œuvres de Pierre Paul Rubens (1577-1640) et d'autres peintres prestigieux de l'école italienne au Louvre, dont les collections sont bien plus conséquentes depuis les campagnes napoléoniennes. Au Salon de 1812, il envoie l'un de ses premiers chefs-d'œuvre, son *Portrait équestre de M. D...*, qui sera plus tard rebaptisé *Officier de chasseurs à cheval de la garde impériale chargeant*. À titre honorifique, celle-ci est mise à côté du *Portrait équestre de Joachim Murat, roi de Naples*, d'Antoine-Jean Gros (1771-1835), peintre adoubé de l'école davidienne et que Géricault admire. En dépit de critiques enthousiastes et bien que l'artiste reçoive une médaille d'or, la toile ne trouve point d'acheteur.

Deux ans plus tard, *Cuirassier blessé quittant le feu* (1814) ne rencontre pas le succès escompté, loin s'en faut. Découragé, Géricault s'engage alors en 1814 en tant que mousquetaire du roi Louis XVIII. Fidèle à ses engagements, il accompagne également le monarque à Gand en 1815.

L'APPEL DU LARGE

Entre 1816 et 1817, ayant échoué au concours du prix de Rome, le jeune peintre décide de partir en Italie malgré tout. Visitant Naples, Florence et la cité pontificale, il découvre, entre autres, les œuvres de Michel-Ange (1475-1564), en particulier les fresques de la chapelle Sixtine, et du Caravage (vers 1571-1610), dont la technique du clair-obscur l'influencera durablement.

À son retour, le naufrage de la *Méduse*, survenu le 2 juillet 1816, inspire le peintre qui voit là l'opportunité d'ancrer son art dans son époque. Il s'enferme alors dans son atelier pendant plus d'un an pour réaliser *Le Radeau de la Méduse*. Exposée en 1819, la toile ne laisse personne indifférent et les critiques sont nombreuses. Cependant, elle ne trouve pas acquéreur. Affecté par ce qu'il considère comme un échec, l'artiste s'exile en Angleterre, terre d'accueil qui s'avère favorable à son art. En effet, *Le Radeau de la Méduse* est exposé pendant deux années consécutives, en 1819 et 1820. En outre, les derbys de course de chevaux confortent le peintre dans sa passion anima-lière : en témoigne *Le Derby de 1821 d'Epson* (1821). Enfin, il découvre également William Turner (1775-1851) et John Constable (1776-1837), les maîtres de la peinture paysagiste anglaise, qui modifient la façon dont il couche la nature sur ses toiles. Puis, de passage à Bruxelles en 1821, il rend visite à un autre artiste français exilé (mais pas pour les mêmes raisons) : Jacques-Louis David (1748-1825), chef de file du néoclassicisme.

UNE RECONNAISSANCE POSTHUME

Les deux dernières années de sa vie, Géricault mène à Paris une existence dissolue : il dépense des sommes considérables et connaît pour la première fois des difficultés économiques en raison d'activités boursières périlleuses. Son intérêt pour le morbide s'accroît et il peint des aliénés de la Salpêtrière (*La Monomane de l'envie*, 1819-1820), célèbre hôpital psychiatrique parisien, sur les conseils du docteur Étienne-Jean Georget (1795-1828), psychiatre dans cette institution. Dans un souci de réalisme, il se rend régulièrement à la morgue et réalise des esquisses de corps démembrés.

Suite à une chute de cheval, la moelle épinière du peintre est touchée et sa santé s'altère de plus en plus. Contraint de rester alité, il décède finalement le 26 janvier 1824. L'histoire du tombeau de Géricault prouve à quel point son génie ne fut pleinement reconnu que de manière posthume et tardive. En effet, le corps de l'artiste ne connaît pas moins de trois sépultures différentes. D'abord enterré à la hâte au cimetière du Père Lachaise dans le tombeau de la famille Isabey, malgré la concession à perpétuité achetée par son père, il est ensuite déplacé auprès de ce dernier lorsqu'il décède, mais à même la terre. Offusqué par un tel manque de considération, en 1837, le sculpteur Antoine Étex (1808-1888) organise un concours, et c'est à Eugène Delacroix, entre autres, que revient la tâche de choisir le monument funéraire qui contiendra la dépouille du premier des romantiques. Suite à de nombreux désistements, finalement Étex réalise lui-même deux projets qui sont retenus par le jury. Mais le premier tombeau de Géricault résiste mal au temps. Aussi le monument est-il transféré au musée de Rouen et Étex réalise-t-il un nouveau tombeau pour remplacer le précédent. Toutefois, après quelques années, ce deuxième tombeau est à son tour remplacé par un troisième et dernier monument qui trouve quant à lui son origine dans une lettre laissée par le fils biologique de Géricault. Léguant sa fortune à l'État, celui-ci souhaite en échange que l'on restaure et que l'on embellisse le premier tombeau et qu'on lie à jamais son père à la mémoire d'Étex. Le monument, restauré par le sculpteur lui-même, représente Géricault couché, une palette à la main, trônant sur un bas-relief évoquant *Le Radeau de la Méduse*, tableau qui ancra à jamais l'artiste dans la postérité.

CARACTÉRISTIQUES

LA FOUGUE ÉQUESTRE

Théodore Géricault entretient dès sa plus tendre enfance deux passions qui l'habiteront toute sa vie : la peinture et les chevaux. C'est d'ailleurs pour cela que l'artiste choisit l'atelier de Carle Vernet, spécialisé dans l'art équestre. Mais il s'en détourne bien vite, comprenant combien leurs visions divergent. En rejoignant l'atelier de Guérin, il se forme au néoclassicisme et découvre l'école davidienne, en particulier Antoine-Jean Gros, qu'il admire profondément. Disciple de Jacques-Louis David, Gros réalise, comme son maître, des œuvres de propagande pour la famille impériale. Aussi trouve-t-on une filiation dans les portraits équestres bonapartistes, de David jusqu'à Géricault, avec Gros comme point de liaison. Certes, la touche évolue, les couleurs s'accentuent peu à peu et le mouvement prend de l'ampleur, mais l'héritage ne peut être renié, comme le prouve la copie de Géricault reproduisant le *Portrait équestre de Jérôme Bonaparte, roi de Westphalie* (1808) de Gros. Géricault retrouve ainsi chez ses maîtres son sujet de prédilection : le cheval. En parallèle, il se rend d'ailleurs régulièrement dans les stalles des écuries impériales, à Versailles, pour être au plus près de son modèle.

L'artiste ne s'attache pas à représenter l'animal uniquement pendant l'effort ou lors des courses. Il le dépeint en effet dans tous ses états, en peinture comme en lithographie, en plein élan, sûr de sa gloire ou, inversement, dans sa déchéance, jusqu'à représenter sa simple carcasse. Sujet principal de ses œuvres, le cheval semble être traité à l'égal de l'homme. Mais si l'artiste, en l'humanisant, lui donne toutes ses lettres de noblesse, il n'hésite pas, parfois, à le trahir. Ainsi, la première des œuvres qu'il expose au Salon de 1812, *Officier de chasseurs à cheval de la garde impériale chargeant*, n'est pas tout à fait exacte dans la position des membres et dans les proportions de la monture. Inspirée par le panache et le dynamisme de la toile de David, *Bonaparte franchissant le col du Grand-Saint-Bernard* (1800), cette œuvre de Géricault va toutefois plus loin dans la fougue et dans le désordre du mouvement, rendant l'animal terriblement vivant, au point que l'on s'attend presque à voir ses narines fumer et à l'entendre hennir...

Loin d'être un sujet mondain, pour Géricault, la monture relève d'une mythologie personnelle. Peintre indompté et indomptable dont la violence des teintes hérissait Guérin, on comprend aisément ce qui a touché Théodore Géricault en cet animal altier, symbole de passion et de liberté. Il n'est d'ailleurs pas anodin qu'il représente *Mazeppa* (1819), de Lord Byron (1788-1824), poète britannique cher aux romantiques. Ce poème épique raconte en effet les derniers jours d'un gentilhomme ukrainien qui, ayant eu une liaison avec une femme mariée, fut recouvert de goudron, attaché à son cheval et condamné à traverser les steppes orientales jusqu'à ce que mort s'ensuive, liant à jamais son sort à celui de l'animal.

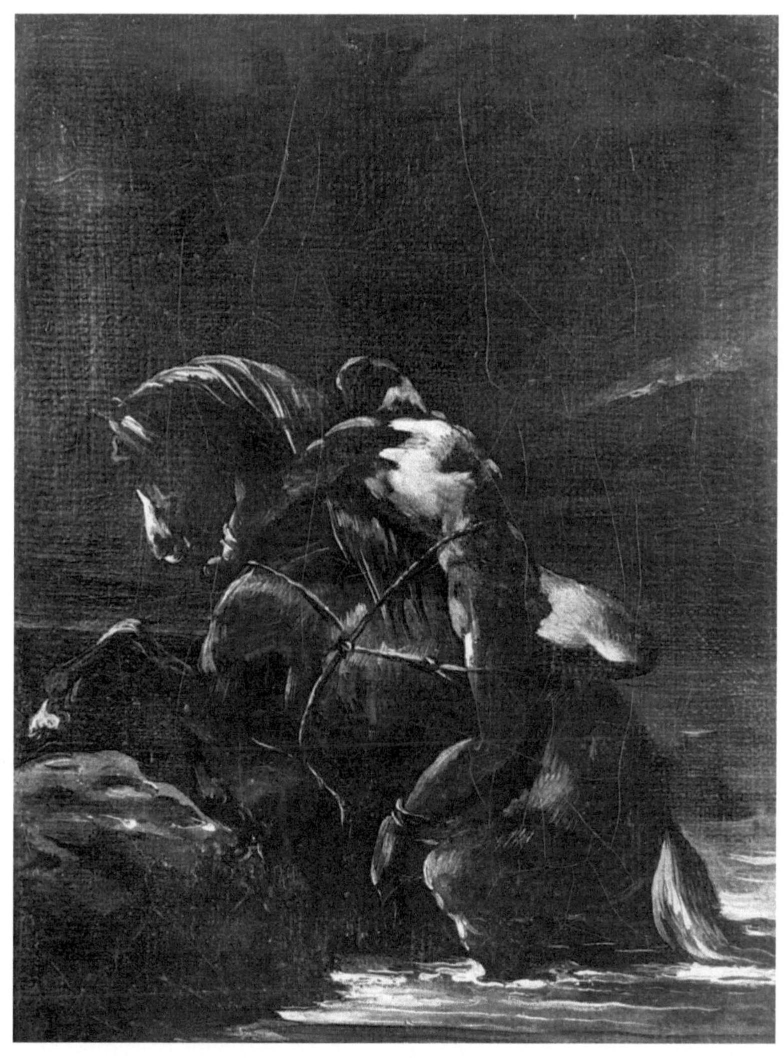

Mazeppa, vers 1820, huile sur toile, collection privée.

Parmi les toiles équestres de Géricault, on trouve *Cheval turc dans une écurie*, *Cheval attaqué par un lion*, *Mazeppa*, *Cheval gris au râtelier*, *Course de chevaux* (dit *Le Derby de 1821 d'Epson*), *Deux chevaux de poste à la porte d'une écurie* ou encore *Tête de cheval blanc*, sans compter ses nombreuses lithographies. Le cheval est sans aucun doute le sujet majeur de son œuvre.

LE SOUFFLE ROMANTIQUE

Bien que formé aux compositions néoclassiques, Théodore Géricault, né dans les affres de la Révolution, s'affranchit rapidement des règles officielles et crée son propre style, suite à l'influence préromantique d'Antoine-Jean Gros. La perfection héritée de l'Antiquité, qui pousse les artistes à réaliser une touche invisible, afin que le rendu soit le plus lisse possible, annihilant *de facto* la présence du peintre, est complètement remise en cause par Géricault. Par l'épaisseur de sa touche, celui-ci ouvre une voie toute personnelle : la matérialité de la peinture traduit la lutte de l'artiste avec son sujet, avec les éléments et avec lui-même.

Aussi, à la primauté de la ligne, Géricault préfère-t-il l'exaltation de la couleur, qui s'avère parfois violente et sera caractéristique des romantiques. Au Salon de 1846, le poète Charles Baudelaire (1821-1867) souligne : « Que la couleur joue un rôle très important dans l'art moderne, quoi d'étonnant ? Le romantisme est fils du Nord, et le Nord est coloriste ; les rêves et les féeries sont enfants de la brume. » (BAUDELAIRE (Charles), *Curiosités esthétiques*, Paris, Michel Lévy Frères, 1868, p. 86) Le chromatisme violent traduit le feu qui jaillit sous les toiles de Géricault, en révèle les passions sous-jacentes. Ainsi, si le trait incarne la raison, les couleurs traduisent quant à elles l'ivresse des sens. Pour corroborer cela, force est de constater que les personnages de Géricault sont souvent dépeints en pleine action, en mouvement. Par ailleurs, il n'est pas rare que la nature, présente en toile de fond, soit déchaînée : elle renvoie au désordre qui habite peintre ou le personnage représenté. En cela, le romantisme, soumis aux états d'âme, est un art sensuel, loin de la rationalité du néoclassicisme.

L'HÉRITAGE DU CARAVAGE

Afin d'accentuer l'intensité de ses compositions, Géricault travaille souvent sur le clair-obscur, hérité des œuvres caravagesques. Le clair-obscur est une technique qui consiste à reproduire l'effet de la lumière en insistant sur les jeux d'ombre grâce à un contraste prononcé. Le rendu obtenu sur les objets ou les personnes, mis en valeur ou dissimulés, donne du relief et de la profondeur aux œuvres. Si cette technique voit le jour à la Renaissance avec Léonard de Vinci (on parle alors de *sfumato*), c'est avec le Caravage qu'elle s'épanouit pleinement dès la fin du XVIe siècle. Les romantiques et les symbolistes l'utilisent afin de conférer à leurs toiles une tension dramatique.

LE SOUCI DU RÉALISME

Si Géricault est considéré par d'aucuns comme le premier des romantiques, ou tout au moins comme le précurseur du mouvement, et que Delacroix le présente comme son maître, il ne faudrait pas négliger pour autant le souci de réalisme dont il fait preuve. Son obsession pour la précision, et sans doute son attrait pour le morbide, le pousse, on l'a vu plus haut, à aller régulièrement à la morgue récupérer des membres afin de pouvoir les reproduire avec exactitude jusqu'à leur décomposition (*Fragments anatomiques*, 1818). En représentant ces fragments humains, il s'affranchit de l'art officiel – transgression qui n'est pas sans rappeler Michel-Ange, que Géricault admire et qui étudiait en secret les cadavres provenant de l'hôpital du couvent Santo Spirito afin de réaliser le Crucifix du même couvent. Ainsi, ses portraits d'aliénés, avec leurs regards révélateurs, sont peints avec un réalisme déconcertant.

Les thématiques de Géricault, qu'elles soient équestres (*Le Derby de 1821 d'Epson*), historiques (*Cuirassier blessé quittant le feu*), sociales (*La Monomane de l'envie*), ou qu'elles relèvent du fait divers (*Le Radeau de la Méduse*) ou encore de l'anatomie (*Fragments anatomiques*) sont, pour la plupart, contemporaines et actuelles. À l'instar de nombreux tableaux d'Antoine-Jean Gros, les toiles du peintre dénotent un réel souci de s'ancrer dans son époque. À cet égard, *Le Marché aux bœufs* (1817) ou *Le Four à plâtre* (1822-1823) sont exemplaires : véritables témoignages du quotidien, ces tableaux rompent définitivement avec les sujets historiques ou allégoriques prônés par le néoclassicisme.

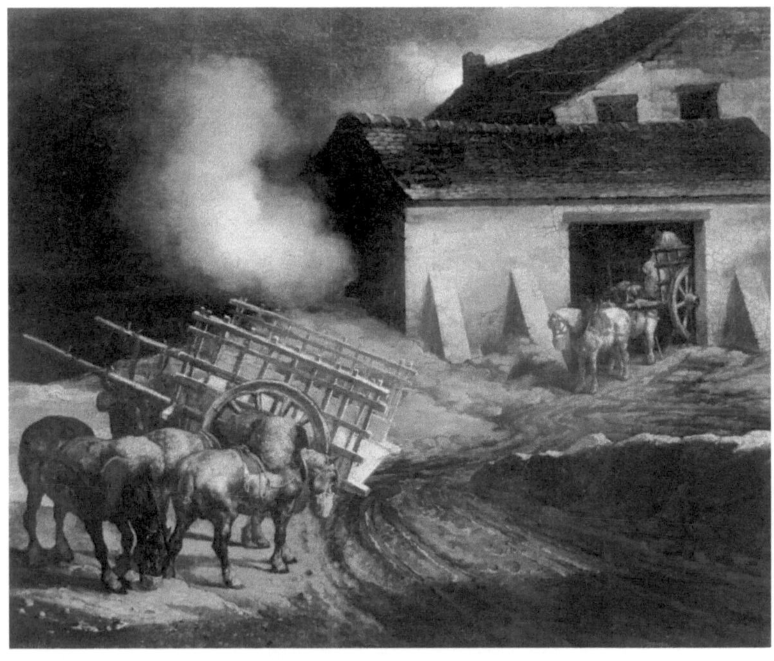

Le Four à plâtre, 1822-1823, huile sur toile, 50 x 60 cm, Paris, musée du Louvre.

OFFICIER DE CHASSEURS À CHEVAL DE LA GARDE IMPÉRIALE CHARGEANT

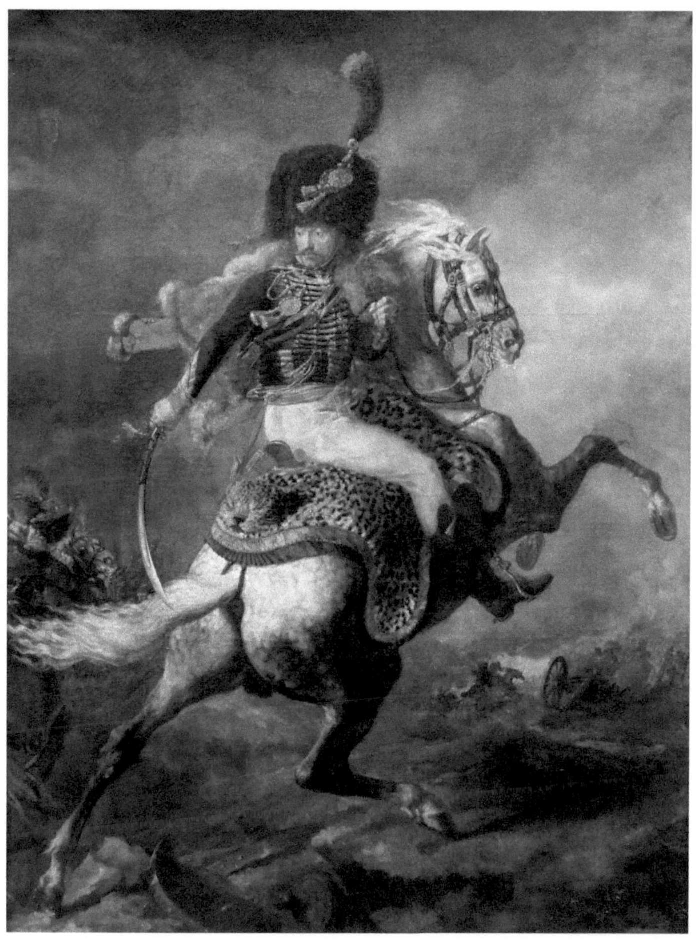

Officier de chasseurs à cheval de la garde impériale chargeant, 1812, huile sur toile, 349 x 266 cm, Paris, musée du Louvre.

Si cette toile, originellement intitulée *Portrait équestre de M.D...,
lieutenant des gardes de l'empereur*, est une œuvre majeure dans
la production de Géricault, sans doute est-ce parce qu'elle est la
première qu'il présente au Salon. Inspiré par une scène de rue vécue
par le peintre – un cheval d'attelage s'emballant – et influencé par
l'œuvre de David, *Bonaparte franchissant le col du Grand-Saint-
Bernard* (1800), ce tableau illustre l'épopée napoléonienne. La Grande
Armée est, à l'époque, en marche vers Moscou. Mais, contrairement
à l'œuvre de David, inscrite dans le temps et dans l'espace, dans cette
toile, on ne trouve aucune indication temporelle ni géographique.

En raison du grand format de l'œuvre, habituellement réservé aux
tableaux d'histoire, on comprend que l'homme représenté n'est pas un
soldat quelconque, mais l'incarnation même de l'héroïsme moderne,
d'autant plus lorsque l'on sait que c'est un ami du peintre, Dieudonné,
qui a posé pour cette toile peu avant de mourir au combat. Alors que
le cheval est fougueux et prêt à en découdre, le cavalier sonnant la
charge est plus circonspect et sait d'expérience, comme l'indique son
uniforme, que se joue peut-être là sa dernière bataille. Sa position – il
regarde derrière lui – confirme le contraste entre l'animal, tout en
action, et un homme qui n'est qu'intériorité. Quelques mois plus tard,
lors de la campagne de Russie, l'armée française connaît une débâcle
spectaculaire qui marquera l'Empire au fer rouge et précipitera sa fin.

Les couleurs incendiaires, contrastées par des tons plus sombres,
suggèrent une atmosphère apocalyptique, mais évoquent également,
de manière diffuse, l'ivresse des combats napoléoniens. La diagonale
ascendante et la position, peu réaliste, des pattes du cheval, confèrent
à l'œuvre un dynamisme et un enthousiasme qui tranchent avec les
réalisations harmonieuses et rationnelles de l'époque néoclassique.
Ce tableau apparaît ainsi comme un témoignage exemplaire de l'en-
gouement de Géricault, mais aussi de toute la génération romantique,
pour la figure de Napoléon Ier.

Si le peintre, à peine âgé de 21 ans, reçoit une médaille d'or pour cette œuvre sur la recommandation de Vivant Denon (1747-1825), directeur général des Musées, c'est certainement parce qu'elle évoque les bas-reliefs antiques et représente un sujet d'histoire, thème privilégié du Salon. Cependant, on trouve déjà, dans ce premier chef-d'œuvre, toutes les spécificités du romantisme.

LE RADEAU DE LA MÉDUSE

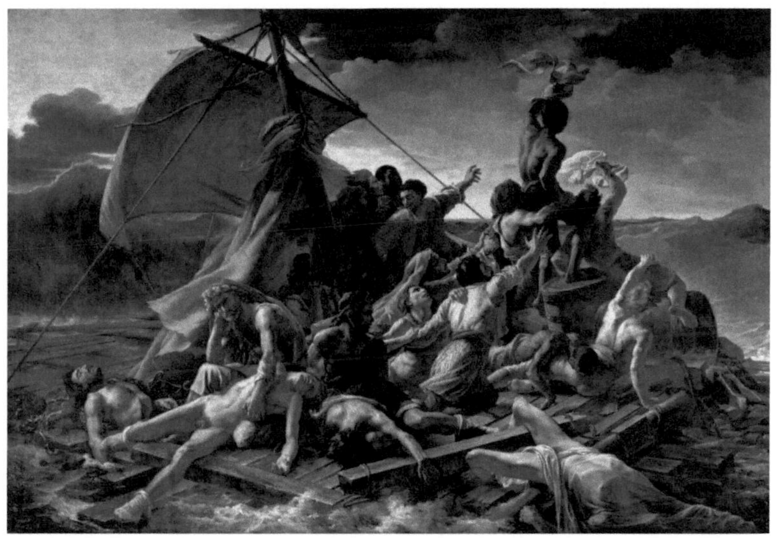

Le Radeau de la méduse, 1818-1819, huile sur toile, 491 x 716 cm, Paris, musée du Louvre.

Cette œuvre majeure, réalisée entre 1818 et 1819, s'inspire d'un fait réel qui eut lieu au début du mois de juillet 1816. La Grande-Bretagne ayant rétrocédé le Sénégal à la France, suite au traité de Vienne signé en 1815, une expédition est lancée afin d'entériner définitivement cet accord. Le navire *La Méduse* part donc pour le Sénégal, accompagné par *Le Loire*, *L'Argus* et *L'Écho*. La monarchie, fraîchement restaurée, fait appel à un commandant de l'Ancien Régime, Hugues Duroy de Chaumareix (1763-1841), qui n'a plus navigué depuis plus de 20 ans. Aussi est-il peu étonnant que, voulant couper la route malgré les recommandations de se tenir loin des côtes, il ne parvienne pas à éviter le banc de sable qui borde les côtes sénégalaises. Trois jours après l'accident, les passagers se décident à embarquer sur les chaloupes, mais celles-ci étant trop peu nombreuses, certains restent sur *La Méduse* et fabriquent un radeau de fortune, surnommé « La Machine ». Ils dérivent pendant près de deux semaines. Ne disposant que de quelques biscuits et de tonneaux de vin, certains rescapés finissent par se battre quand d'autres se suicident ou sont dévorés par les requins. Des faits de cannibalisme sont même évoqués. Durant les 13 jours que dure leur dérive, sur les 152 réfugiés qui parviennent à embarquer sur le radeau, 142 meurent noyés, dévorés ou tués. La dizaine de survivants ne doit son secours qu'à *L'Argus*, venu récupérer les 90 000 francs laissés sur *La Méduse*.

Ce fait divers, relaté un an plus tard par deux rescapés, Savigny et Corréard, secoue l'opinion publique. Aussi Géricault entrevoit-il là une bonne occasion de marquer les esprits. Contrairement à ses habitudes, le peintre prend son temps, se documente, se rend à la morgue et écoute le témoignage des rescapés afin de traduire au mieux le désastre. Son tableau représente le radeau à la dérive sur lequel, résistant tant bien que mal, des rescapés côtoient plusieurs cadavres. La mer est déchaînée et les nuages noirs trahissent la tempête qui vient de s'abattre. Mais au loin, le ciel se dégage, annonçant la venue d'un jour nouveau placé sous le signe de l'espoir. Les couleurs sont, à cet égard, significatives et contrastent avec celles utilisées pour évoquer l'orage.

Si la construction pyramidale et les nus aux contours précis se réfèrent encore à l'école davidienne, d'autres éléments dénotent la volonté du peintre de rompre avec le néoclassicisme. En effet, l'emploi d'un grand format pour dépeindre une scène quotidienne est contraire à la hiérarchie des genres instaurée par l'Académie. De même, la touche épaisse et fougueuse s'oppose au fini lisse en vigueur à l'époque, et les symboles utilisés – le blanc pour le calme, la lumière pour l'espérance, et le noir, l'orange et le rouge pour la violence et le désespoir – vont également à l'encontre des recommandations artistiques officielles. Et si les couleurs restent sobres, la frénésie du tableau, l'intensité des mouvements et le contraste du clair-obscur indiquent incontestablement la nouvelle voie dans laquelle Géricault s'engage. Car désormais, la touche et la couleur prennent le pas sur la ligne et le trait, le dynamisme et la passion empiètent sur le calme et la rationalité des composi-tions néoclassiques.

La tension inhérente à ce tableau est accentuée par la mer déchaî-née. Les corps qui occupent, avec la structure du radeau, tout le premier plan et le premier tiers horizontal du tableau sont verdâtres, cadavériques. Certains sont à moitié immergés, et seront sans doute, dans quelques instants, dévorés par les requins. Pourtant, bien que le radeau soit jonché de morts et d'hommes désespérés, la diagonale ascendante qui part du corps situé dans l'angle gauche et monte jusqu'à l'homme noir qui, telle une figure de proue, scrute l'hori-zon, symbolise la victoire de la vie sur la mort. L'homme agite en effet son foulard en regardant le brick qui vient à leur secours. Plein d'espoir, il tourne le dos au radeau empli de cadavres. La lumière, annonciatrice de promesses après l'horreur des derniers jours, corrobore son attitude. La main de Savigny pointant *L'Argus* et le tissu blanc du personnage à droite ferment cette pyramide qui étire inéluctablement le regard du spectateur vers le haut et le ciel qui s'éclaircit. Dès lors, l'homme noir incarne l'espoir et la liberté. Mais le message délivré par l'œuvre est ambivalent. En effet, le mou-vement de la voile trahit un vent qui déporterait le radeau vers la gauche, tandis que *L'Argus* se situe au fond à droite. Rien n'est

établi, et ces hommes se trouvent à la croisée de deux destinées :
l'une au dénouement heureux quand l'autre est à craindre. L'issue
reste donc incertaine.

Présentée au Salon de 1819, cette toile connaît une réception contro-
versée, ce qui afflige profondément son auteur. En effet, au regard
du contexte politique – l'Empire vient d'expirer et la monarchie tout
juste restaurée est déjà contestée –, la représentation de ce radeau à
la dérive ne peut manquer d'évoquer la situation du peuple français,
en pleine tempête politique, dépourvu de gouvernail. L'historien Jules
Michelet (1798-1874), le premier, voit dans cette œuvre l'incarnation
de la société française. Géricault choque donc les monarchistes,
bien qu'il ait toujours balayé cette interprétation. Mais le fait que
ce soit un homme noir qui incarne l'espoir heurte sans doute également ses contemporains dans une société qui vient, sous l'Empire,
de rétablir l'esclavage. Enfin, le réalisme acerbe et peu engageant
des cadavres, qui rompt radicalement avec l'idéalisation prônée par
l'art officiel, n'est probablement pas étranger non plus au scandale
suscité par *Le Radeau de la Méduse*.

Par sa facture autant que par sa thématique, les éléments natu-
rels reflétant l'intériorité des personnages, tiraillés entre la folie,
la désespérance et l'espoir, on comprend pourquoi cette toile
suscita la polémique et qu'aujourd'hui encore elle soit considérée
comme le manifeste du romantisme. Elle influença d'ailleurs profondément Delacroix, peintre romantique par excellence, qui posa
pour ce chef-d'œuvre, représenté par le cadavre reposant à plat
ventre, un bras posé sur la poutre. Quant au vieillard, drapé de
ce rouge qui évoque la lutte, il regarde, résigné, les cadavres
– néoclassiques –, comme s'il savait que cette toile marquait un
tournant. Il tourne le dos à la figure de proue tout en mouvement
qui, levant le bras plein d'espoir et déjà victorieuse, symbolise le
règne du romantisme à venir.

LA MONOMANE DE L'ENVIE
OU *LA HYÈNE DE LA SALPÊTRIÈRE*

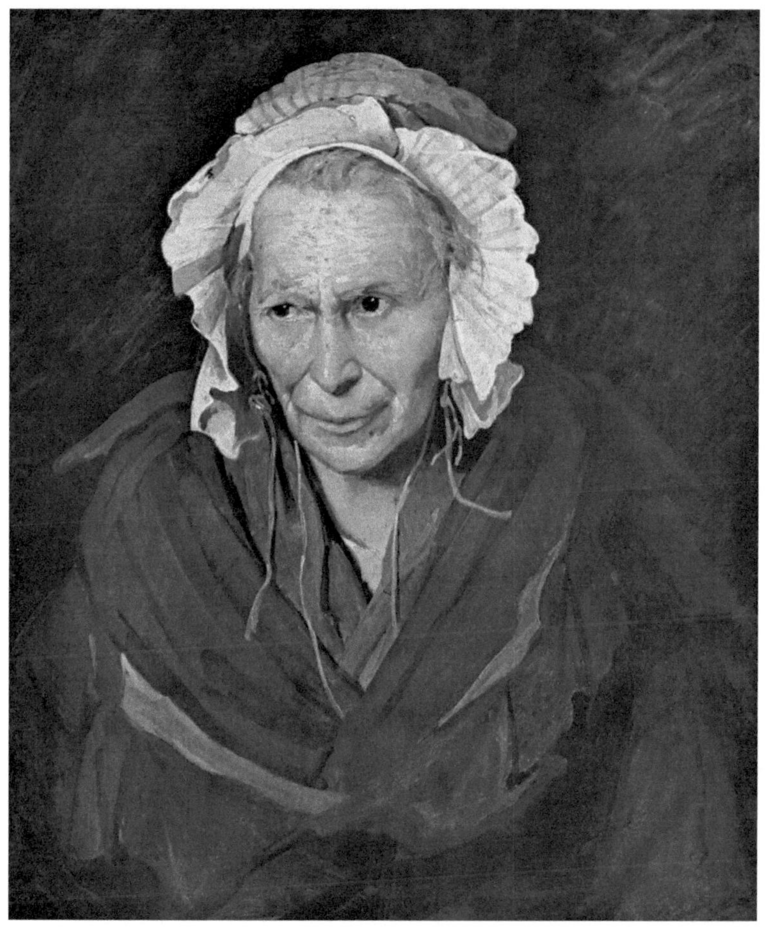

La Monomane de l'envie ou *La Hyène de la Salpêtrière*, 1819-1820, huile sur toile, 72 x 58 cm, Lyon, musée des Beaux-Arts.

Cette œuvre appartient à la série dite des « Monomanes » découverte en 1863 à Baden Baden par le critique Louis Viardot (1800-1883). Selon ce dernier, Géricault a réalisé ces toiles pour le docteur Georget, psychiatre à l'hôpital de la Salpêtrière.

Les tons terreux employés évoquent le baroque italien, en particulier le Caravage, et les chefs-d'œuvre du Nord. Mais ils permettent aussi à l'artiste de mettre en valeur, grâce aux contrastes chromatiques, la coiffe blanche qui encadre le visage de la vieille femme. Effectivement, le spectateur est irrémédiablement attiré par l'étrange regard du personnage féminin. Rompant avec l'académisme en vigueur, pour lequel le portrait doit être synonyme d'idéalisation, l'artiste trace les traits de son modèle avec un grand réalisme et une précision presque chirurgicale. Les yeux, miroir de l'âme, laissent transparaître l'intériorité de l'aliénée.

La découverte de ces toiles constitue un apport inestimable à l'histoire de l'art. D'aucuns considèrent que ces tableaux, inscrits dans la lignée de Francisco de Goya (1746-1828), sont les premiers à représenter les aliénés de façon aussi précise. Ils dénotent aussi le nouveau regard de la société sur ces êtres marginalisés qu'on tente désormais de soigner. Alors que les malades mentaux étaient auparavant considérés comme dangereux et emprisonnés, le XIXe siècle s'intéresse aux études psychiatriques, notamment grâce à Jean-Étienne Esquirol, qui réalise une classification des différentes monomanies. Ainsi, les œuvres de Géricault reflètent l'évolution des mentalités. Ce n'est que pendant l'entre-deux guerres, grâce à Sigmund Freud (1856-1939), fondateur de la psychanalyse moderne, que l'on comprendra l'importance capitale de ces œuvres dans l'histoire de l'art.

THÉODORE GÉRICAULT, UNE SOURCE D'INSPIRATION

Si Théodore Géricault ne connaît pas aujourd'hui le succès qu'il mérite, c'est sans doute en raison de sa mort prématurée. Décédé à l'âge de 32 ans et n'ayant pas besoin de peindre pour subsister, il réalisa trop peu d'œuvres pour s'ancrer dans la mémoire collective. Cependant, l'héritage qu'il laisse est d'une importance considérable. Substituant à la ligne et au trait, trop rigides et trop objectifs, la couleur, subjective par essence, il trouve dans le chromatisme un champ idéal pour exprimer les sentiments de manière indirecte. Ce basculement trouve une résonnance remarquable en Eugène Delacroix, qui reconnaît la dette qu'il a envers lui. Ainsi, des œuvres telles que *La Liberté guidant le peuple* (1830) n'auraient sans doute jamais vu le jour sans Théodore Géricault.

De même, bien que cela soit moins communément admis, vers les dernières années de sa vie, le peintre se sensibilise à son environnement et le dépeint de manière objective. Ses scènes quotidiennes et champêtres, comme *Le Four à plâtre*, trouveront alors un écho chez les peintres réalistes et chez ceux de l'école de Barbizon, dont les œuvres peuvent être considérées comme un hommage à cet artiste fondateur.

Ainsi, par son emploi de la couleur, par la libération de la touche, qu'il applique avec fougue, ainsi que par sa curiosité envers ses contemporains, que ce soit les dirigeants politiques ou les laissés-pour-compte de la société, Géricault porte en son sein les caractéristiques qui seront celles de deux mouvements majeurs de l'histoire de l'art : le romantisme et le réalisme. Au regard de cet héritage, il est sans aucun doute l'un des plus grands peintres du XIXe siècle.

- Théodore Géricault, né en 1791 dans les affres de la Révolution française, développe très tôt deux passions : la peinture et le cheval. C'est pourquoi il débute dans l'atelier d'un peintre spécialisé en art équestre. Plutôt que de se limiter à représenter l'animal uniquement pendant l'effort ou lors des courses, il le dépeint dans tous ses états.

- De formation classique, Géricault s'émancipe rapidement des règles officielles pour créer son propre style : il libère la touche et applique la peinture en couches épaisses, rompant avec la perfection héritée de l'Antiquité. De plus, à la primauté de la ligne, le peintre substitue l'exaltation de la couleur, qui sera caractéristique des romantiques.

- Chez Géricault, la matérialité de la peinture et le chromatisme violent traduisent les élans intérieurs de l'artiste, de même que les mouvements de ses personnages et la fougue de ses compositions. En cela, il inaugure un art sensuel, soumis aux états d'âme, et non rationnel comme l'est le néoclassicisme.

- Sa personnalité, éternellement insatisfaite, et sa mort prématurée ont contribué à faire de lui le premier des romantiques. Son œuvre majeure, *Le Radeau de la Méduse*, est unanimement considérée comme le manifeste du romantisme. Mais le peu de toiles qu'il a laissées explique également qu'il ne connaisse pas aujourd'hui le succès qu'il mérite. Pourtant, sans Géricault, des tableaux tels que *La Liberté guidant le peuple* de Delacroix n'auraient sans doute jamais vu le jour.

- Pour autant, si Géricault est reconnu comme le précurseur du romantisme, il entrouvre également, par la précision de ses œuvres tardives et par ses scènes de genre quotidiennes, la porte du réalisme.

POUR ALLER PLUS LOIN

- ALDAHEFF (Albert), *The Raft of the « Medusa »*, Munich-Berlin-Londres-New York, Prestel, 2002.
- ATHANASSOGLOU-KALLMYER (Nina), *Théodore Géricault*, Paris, Phaidon Press, 2009.
- BAUDELAIRE (Charles), *L'Art romantique*, Paris, Garnier-Flammarion, 2001.
- BAZIN (Germain), *Théodore Géricault. Étude critique, documents et catalogue raisonné*, tome IV, Paris, Wildenstein Institute, 1994.
- BERGER (Klaus), *Géricault et son œuvre*, traduit de l'allemand par Maurice Beerblock, Paris, Grasset, 1952.
- BUISSON (Gilles), *Géricault, de Mortain à Paris ; le conventionnel Bonnesœur-Bourginière, oncle de Géricault*, préface de Denise Aimé-Azam, Coutances, OCEP, 1986.
- BUISSON (Gilles), « Le Duc de Trévise, passionné de Géricault à Mortain en 1924 », in *Revue de l'Avranchin et du pays de Granville*, tome LXVIII, n° 348, n° 449 et n° 463-495, septembre 1991 et décembre 1991.
- BUISSON (Gilles), « Troubles psychopathologiques dans la famille mortainaise de Géricault. La Méduse », in *Feuille d'information de l'Association des amis de Géricault*, n° 12, décembre 2003.
- CHENIQUE (Bruno), BÉGHAIN (Patrice), RAMOND (Sylvie), GERMER (Stefan), *Géricault. La folie d'un monde*, catalogue d'exposition (Lyon, musée des Beaux-Arts, 19 avril-30 juillet 2006), Paris, Hazan, 2006.
- CHESNEAU (Ernest), « Le mouvement moderne en peinture. Géricault », in *Revue Européenne*, XVII, 1er octobre 1861.
- CLAY (Jean), *Le Romantisme*, Paris, Hachette, 1980.
- COLLECTIF, *Géricault au cœur de la création romantique. Études pour* Le Radeau de la Méduse, Paris, Nicolas Chaudun, 2012.

- Collectif, *Géricault*, catalogue de la rétrospective (Paris, Grand Palais, 1991-1992), Paris, RMN, 1992.
- Collectif, *La Peinture au Louvre. 100 chefs-d'œuvre*, Paris, RMN-Hazan, 1992.
- Collectif, *Les Années romantiques. La peinture française de 1815 à 1850*, Paris, Grand-Palais, 1996.
- Grunchec (Philippe), *Géricault*, Paris, Flammarion, 1991.
- Grunchec (Philippe), « Géricault : problèmes de méthode », in *Revue de l'art*, n° 43, 1979.
- Grunchec (Philippe), « L'inventaire posthume de Théodore Géricault (1791-1824) », in *Bulletin de la société de l'histoire de l'art français*, années 1976-1978.
- Houssaye (Henry), *Théodore Géricault. Dieux, hommes, chevaux*, Paris, Éditions de l'Amateur, 2010.
- La Bedolliere (Émile de), « *Le Radeau de la Méduse*, d'après le tableau de Géricault », in *Le Journal illustré*, n° 5, 14-20 mars 1864.
- Le Pesant (Michel), « Documents inédits sur Géricault », in *Revue de l'art*, n° 31, 1976.
- « Le radeau de la Méduse », in http://www.louvre.fr/oeuvre-notices/le-radeau-de-la-meduse, consulté le 25/10/14.
- Michel (Régis), *Géricault*, Paris, Gallimard-RMN, coll. « Découvertes Gallimard », 1992.
- Michel (Régis) (dir.), *Géricault*, tome I et II, Paris, La documentation française, 1996.
- Michel (Régis), « Géricault et la Méduse », in *Beaux-Arts magazine*, n° 197, 2000.
- Oprescu (George), *Géricault*, Paris, La Renaissance du Livre, 1927.
- Rosenberg (Pierre) (dir.), *De David à Delacroix. La peinture française de 1774 à 1830*, catalogue d'exposition (Paris, Grand Palais, 16 novembre 1974-3 février 1975), Paris, RMN, 1974.
- Rosenthal (Léon), *Du romantisme au réalisme*, Paris, Macula, 1987.
- Schneider (Michel), *Un rêve de pierre. Le Radeau de la Méduse. Géricault*, Paris, Gallimard, 1991.

- « Théodore Géricault », in http://www.gusarts.com/Files/gericault_theodor2.pdf, consulté le 30/10/14.
- « Théodore Géricault », in http://www.larousse.fr/encyclopedie/personnage/Th%C3%A9odore_G%C3%A9ricault/121215, consulté le 19/10/14.
- ZERNER (Henri), « Géricault (Théodore) 1791-1824 », in http://www.universalis.fr/encyclopedie/theodore-gericault/, consulté le 28/10/14.

SOURCES ICONOGRAPHIQUES

- GÉRICAULT (Théodore), *Officier de chasseurs à cheval de la garde impériale chargeant*, 1812, huile sur toile, 349 x 266 cm, Paris, musée du Louvre. La photo reproduite est réputée libre de droits.
- GÉRICAULT (Théodore), *Le Four à plâtre*, 1822-1823, huile sur toile, 50 x 60 cm, Paris, musée du Louvre. La photo reproduite est réputée libre de droits.
- GÉRICAULT (Théodore), *Le Radeau de la Méduse*, 1818-1819, huile sur toile, 491 x 716 cm, Paris, musée du Louvre. La photo reproduite est réputée libre de droits.
- GÉRICAULT (Théodore), *La Monomane de l'envie*, ou *La Hyène de la Salpêtrière*, 1819-1820, huile sur toile, 72 x 58 cm, Lyon, musée des Beaux-Arts. La photo reproduite est réputée libre de droits.
- GÉRICAULT (Théodore), *Mazeppa*, vers 1820, huile sur toile, collection privée. La photo reproduite est réputée libre de droits.

SOURCE COMPLÉMENTAIRE

- *Autour de 1800 (Géricault, David et Goya)*, documentaire d'Alain Jaubert, Arte vidéo/éditions Montparnasse/Arcadès, France, 2006.

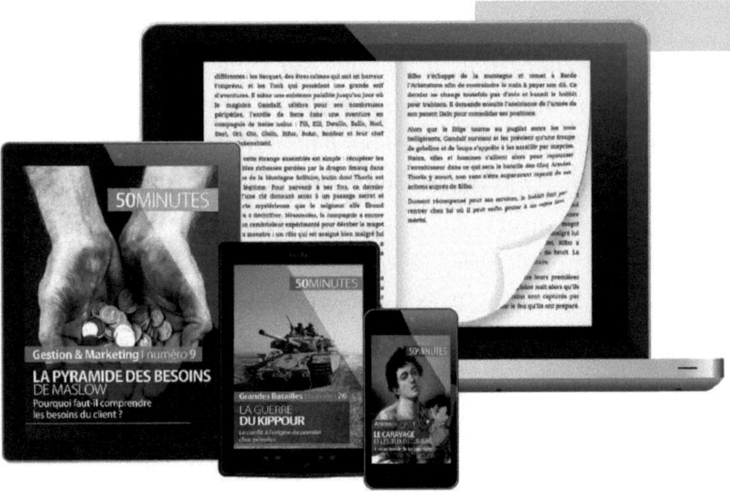

www.50minutes.com

Éditeur responsable : Lemaitre Publishing
Rue Lemaitre 4 | BE-5000 Namur
info@lemaitre-editions.com

ISBN ebook : 978-2-8062-6157-1
ISBN papier : 978-2-8062-6158-8
Dépôt légal : D/2015/12603/122
Photo de couverture : © *Le Radeau de la Méduse*, 1818-1819,
par Théodore Géricault (détail).

Conception numérique : Primento,
le partenaire numérique des éditeurs